Easy Span

HORROR T
SPANISH EXERCISE BOOK

With 60+ Exercises & 200-Word Vocabulary

VOLUME 1

**Gaston Leroux's
"THE PHANTOM OF THE OPERA"**

ALL RIGHTS RESERVED.

PUBLISHED BY:
EASY SPANISH LANGUAGE CENTER

TRANSLATED, CONDENSED AND PRODUCED BY:
Álvaro Parra Pinto

PROOFREADING:
Magaly Reyes Hill

DESIGN:
Alejandro Parra Pinto

ISBN-13: 978-1979434188

ISBN-10: 1979434182

ABOUT THIS BOOK

EL FANTASMA DE LA OPERA

Gastón Leroux (París, 1868-Niza, 1927)

FUN AND EASY TO READ, this *Exercise Book in Easy Spanish* is based on Gaston Leroux's horror novel *"THE PHANTOM OF THE OPERA"* (*"EL FANTASMA DE LA ÓPERA"*), first published in 1910.

Especially translated, edited and simplified to ease your reading practice and comprehension, this first volume uses simple wording, brief sentences and moderate vocabulary.

Furthermore, each chapter is followed by a glossary of Spanish words and phrases with their respective English translations, as well as by fun and simple exercises designed to boost your reading skill and comprehension.

THANKS FOR CHOOSING US AND ENJOY YOUR READING PRACTICE!

CONTENTS

1. – UN FANTASMA EN EL TEATRO

-**¡MADAME! ¡MADAME!** –exclamó la **joven bailarina** entrando al camerino de la famosa soprano del *Teatro Garnier,* mejor conocido como La Casa de la Ópera de París- ¡El administrador del teatro **dice que vio** al Fantasma de la Ópera!

-¿El Fantasma? –preguntó Madame Carlota alarmada. Era una mujer muy hermosa, de bellos ojos y cabellos **negros como el carbón**.

-¡Sí, Madame!

-**¿Estás segura?**

-**Eso me dijo,** Madame. ¡Dijo que lo vio!

-**¡Dios mío!**

-**Él asegura** que el Fantasma es alto y elegante, con **traje negro** y **guantes blancos**… ¡Ah! ¡Y lleva una horrible **máscara!**

-¿Dónde lo vio?

-Cerca de la **puerta** del **sótano**. Apareció **de repente**. El Fantasma lo miró a los ojos y después desapareció. Todo fue muy rápido.

-Yo **nunca he visto** a ese fantasma –admitió Madame Carlota.

-**¡Yo tampoco** Madame!

-Pero muchas personas lo han visto **aquí**. **¡La gente dice** que es un gran músico y también un **asesino**!

-¿Un asesino?

-Sí, dicen que él ha matado a muchas personas. ¡Es un cruel asesino! ¡Un criminal

-Lo siento, Madame, pero **yo soy nueva** en este teatro. **No conozco** su historia.

-**Pues**, **entonces** te la contaré.

-Gracias, Madame…

-Hace seis meses, **cuando mi esposo,** Richard, **compró** este teatro, **nos enteramos** que este **edificio** fue construido sobre unas **viejas catatumbas**.

-¿Que son Catatumbas?

-Son cementerios subterráneos. Forman una red de túneles debajo de París. Fueron construidos **hace dos mil años** por el Imperio Romano. Existen varias entradas secretas en la ciudad. Y una de ellas conecta con el sótano de este **teatro**.

-¡Increíble!

-La gente dice que ahí, **precisamente,** vive el Fantasma de la Ópera, en **completa soledad**. También dicen que asesinó a varias personas aquí, incluyendo varios artistas…cuando no le gusta como cantan los mata.

-¡Qué horror!

-También se dice que es un gran **cantante** de Ópera, que en las noches cuando el teatro ya ha cerrado sus puertas se le oye cantando con hermosa voz.

-¡Ni mi esposo, ni yo hemos tenido problemas con el fantasma!

-**¡Gracias a Dios!** –exclamó la joven bailarina.

En ese momento se oyeron unos **pasos.**

-**¡Ay, Dios!** –exclamó la Madame mirando **a su alrededor** con miedo.

Segundos después, alguien **tocó la puerta** y la abrió. Era Gabriel, asistente de Madame Carlota.

-Madame –dijo-, ya todo está listo para la audición.

-¡Oh, sí! ¡La audición! -exclamó la soprano **con un suspiro**-. **¡Casi lo olvido!** Necesitamos una **nueva corista** urgentemente. **¿Cuántas candidatas tenemos?**

-Tenemos tres candidatas, Madame.

-**¡Estupendo,** Gabriel! **¡Vamos a escucharlas!**

ACTIVIDADES

VOCABULARIO

1.-Joven bailarina= Young female dancer

2.-Dice que vio= says he saw

3.-Negros como el carbón= coal-black

4.-¿Estás segura?= ¿Are you sure?

5.-Eso me dijo= That´s what he told me

6.-¡Dios mío!= My God!

7.-Él asegura= he assures

8.-Traje negro y guantes blancos= black suit and white gloves

9.-Máscara= mask

10.-Puerta del sótano= basement door

11.-De repente= suddenly

12.-Nunca he visto= I have never seen

13.-Yo tampoco= Me neither

14.-Aquí= here

15.-La gente dice= people say

16.-Asesino= assasin (killer, murderer)

17.-Yo soy nueva= I am new

18.-No conozco= I don't know

19.-Pues, entonces= Well, then

20.-Cuando mi esposo= When my husband

21.-Compró= bought

22.-Nos enteramos= we found out

23.-Edificio= building

24.-Viejas catatumbas= old catacombs

25.-Hace dos mil años= two thousand years ago

26.-Teatro= theater

27.-Precisamente= precisely

28.-Completa soledad= complete solitude

29.-Cantante= singer

30.-¡Gracias a Dios! = Thank God!

31.-Pasos= steps (footsteps)

32.-¡Ay, Dios!= Oh, God!

EJERCICIOS

1.-RESPONDE SÍ O NO:

a.-¿Madame Carlota es una mujer fea? ___

b.-¿El Fantasma es alto?___

c.-¿El Fantasma lleva una mascara en su cara? ___

2.-COMPLETA LA ORACIÓN:

a.-Madame Carlota tiene cabello negro como el_____.

b.-El edificio del teatro fue construido sobre unas_____.

c.-La gente dice que el Fantasma de la Ópera es un_____.

3.-SELECCIÓN MÚLTIPLE:

Selecciona una única respuesta por cada pregunta.

3.1.-¿Dónde queda la Casa de la Ópera?

a.-En Hong Kong.

b.-En París.

c.-En Buenos Aires.

d.-En New York.

3.2-¿Por qué el Fantasma mataba a los artistas?

a.-Porque no le daban comida.

b.-Porque eran feos.

c.-Porque no le gustaba como cantaban.

d.-Son mentiras. ¡El Fantasma no ha matado a nadie!

3.3.-¿Qué se dice del fantasma?

a.-Que es un gran cantante de Ópera.

b.-Que es un gran cantante de Rock.

c.-Que es un gran bailarín.

d.-Que es el asistente de Madame Carlota.

3.4-¿Cuántas coristas fueron a la audición?

a.-Tres.

b.-Una.

c.-Diez.

d.-Ninguna.

4.-TRADUCE AL ESPAÑOL:

4.1.-Phantom:

a.-Abuelo.

b.-Padre.

c.-Fantasma.

4.2.-Young dancer:

a.-Mujer vieja.

b.-Joven bailarina.

c.-Bonita canción.

4.3.-Killer:

a.-Kilo.

b.-Asesino.

c.-Amante.

5.-¿VERDADERO O FALSO?:

a.-El fantasma era bueno___

b.-Madame Carlota era una famosa soprano___

c.-El teatro se llamaba La Ópera Metropolitana de New York ___

SOLUCIONES CAPÍTULO 1

1. RESPONDE SÍ O NO

a.-No.

b.-Sí.

c.-Sí.

2.-COMPLETA LA ORACIÓN:

a.-Carbón.

b.-Catatumbas.

c.-Asesino.

3.-SELECCIÓN MÚLTIPLE:

3.1.-b.

3.2.-c.

3.3.-a.

3.4.-a.

4.-TRADUCE AL ESPAÑOL:

4.1.-c.

4.2.-b.

4.3.-b.

5.-¿VERDADERO O FALSO?:

a.-F.

b.-V.

c.-F.

2- LA NUEVA CORISTA

MADAME CARLOTA escuchó a las tres candidatas y **rechazó** a las primeras dos. ¡Pero la tercera le gustó mucho! ¡Era sensacional!

Aquella joven **cantante** era extremadamente bonita. Tenía una sofisticada figura, **ojos** color esmeralda y **cabellos dorados.**

-¿Cómo te llamas, muchacha? –la soprano le preguntó con evidente interés.

-Yo me llamo Christine Daaé...

-¿De dónde eres?

-Yo nací en una pequeña villa de Escandinavia, Madame. Mi padre era violinista. Era un gran músico. Él me enseñó a cantar cuando yo era una niña.

-¿Y tu madre?

-Mi madre **murió** cuando yo tenía seis años. **Después de su muerte** mi padre y yo **viajamos juntos** por Europa, **yendo de feria en feria**. Él tocaba su instrumento y **yo le acompañaba con mi voz.** Tocamos en numerosas **bodas** y **fiestas**. Hace dos meses llegamos a París. Desafortunadamente, mi padre tuvo un accidente y murió **dos días después.**

-¡Qué pena! ¿Y **dónde vives**?

-Yo vivo en un pequeño hostal. Pero ya no tengo **dinero**. Si no consigo trabajo hoy mismo **yo tendré que** abandonar Francia.

-¿Qué dices, Christine? ¡No abandonarás Francia! ¡Tienes una **voz** espléndida! ¡Estás contratada!

-¿Yo? ¿Contratada?

-Sí, Christine. Eres nuestra nueva corista. ¡Congratulaciones! **Cantarás** en la nueva producción de la famosa Casa de la Ópera de París*: "Fausto"*

-¿Fausto?

Sí, es la historia de un **viejo muy feo** que le **vende su alma** al Diablo…

-¿Y por qué vende su alma?

-¿Por qué? Pues, ¡por el amor de una mujer!

-¡Oh!

-Y ahora prepárate, Christine, hoy mismo **comenzarás a ensayar.** Te irá muy bien, **¡ya lo verás!** Y si quieres, **puedes vivir** aquí en el teatro.

-¡Gracias, Madame Carlota! ¡Muchas gracias **por darme la oportunidad**!

* * *

Christine practicó todos los días y **cada vez cantaba mejor.**

Durante las noches practicaba **sola sobre el escenario,** justo antes de **irse a dormir.**

Una noche, para su sorpresa, **mientras practicaba** sobre el escenario escuchó una voz que le dijo:

-¡Bravo! **¡Cantas muy bien!**

Christine miró a su alrededor **asustada** y vio a un misterioso hombre **parado cerca de ella**. Era alto, vestido de negro y llevaba una máscara blanca **que ocultaba su rostro**.

-**¿Quién eres?** –preguntó **temblando**.

-Por favor no temas. Yo soy tu admirador. Cantas muy bien, Christine. Tienes la voz de un ángel. Pero **debes educar tu voz.** Yo puedo **ayudarte.**

-¿Ayudarme?

-Sí... Tienes una hermosa voz. Pero **te hace falta entrenamiento**. Debes educar tu voz. **Si me lo permites,** yo seré tu maestro. Te ayudaré con una condición.

-¿Cuál condición?

-Quiero que sea nuestro secreto. Si otras personas se enteran, sería un compromiso para mí. Prefiero ser anónimo. Por eso llevo esta máscara. Por favor, **confía en mí.**

-**¿Cómo puedo confiar en ti** si no sé quién eres?

-Me llamo Erik y soy un músico profesional. **Eso es todo lo que necesitas saber**, Christine. **Si tú aceptas**, practicaremos todas las noches. Y **no te costará un centavo**.

-**¿Por qué quieres ayudarme?**

-Porque **yo amo la buena música**. Y porque **reconozco tu talento**, Christine. **¡Yo quiero verte triunfar!**

ACTIVIDADES

VOCABULARIO

1.-Rechazó = rejected

2.-Cantante = singer

3.-Ojos = eyes

4.-Cabellos dorados = golden hair

5.-¿De dónde eres? = Where are you from?

6.-Murió = died

7.-Después de su muerte = after his death (after he died)

8.-Viajamos juntos = traveled together

9.-Yendo de feria en feria = went from fair to fair

10.-Yo le acompañaba con mi voz = I accompanied him with my voice

11.-Bodas y fiestas = weddings and parties

12.-Dos días después = two days later

13.-¡Qué pena! = What a pity!

14.-¿Dónde vives? = Where do you live?

15.-Dinero = money

16.-Yo tendré que = I will have to

17.-Voz = voice

18.-Cantarás = you will sing

19.-Viejo muy feo = ugly old man

20.-Vende su alma = sell his soul

21.-Comenzarás a ensayar = will begin rehearsing

22.-¡Ya lo verás! = You'll see!°

23.-Puedes vivir = can live

24.-Por darme la oportunidad = for giving me the chance

25.-Cada vez cantaba mejor = sang better each time

26.-Durante las noches = during the nights

27.-Sola sobre el escenario = alone on the stage

28.-Irse a dormir = went to sleep

29.-Mientras practicaba = while she practiced (as she practiced)

30.-¡Cantas muy bien! = You sing very well!

31.-Asustada = scared (frightened)

32.-Parado cerca de ella = standing near her

33.-Que ocultaba su rostro = that hid his face

34.-¿Quién eres? –preguntó temblando= "Who are you?" she asked trembling

35.-Debes educar tu voz = You must educate your voice

36.-Ayudarte = help you

37.-Te hace falta entrenamiento = You need training

38.-Si me lo permites if you allow me

39.-Confía en mí = trust me

40.-¿Cómo puedo confiar en ti = How can I trust you

41.-Eso es todo lo que necesitas saber = that's all you need to know

42.-Si tú aceptas = if you accept

43.-No te costará un centavo = it won't cost you a cent.

44.-¿Por qué quieres ayudarme? = Why do you want me to help me?

45.-Yo amo la buena música = I love good music

46.-Reconozco tu talento = I recognize your talent

47.-¡Yo quiero verte triunfar! = I want to see you succeed!

EJERCICIOS

1.-RESPONDE SÍ O NO:

a.-¿Seleccionó Madame Carlota cinco cantantes?__

b.-¿Se llamaba María la nueva cantante?__

c.-¿Le gustó al fantasma la voz de Christine?__

2.-COMPLETA LA ORACIÓN:

a.-Christine era una joven extremadamente_____

b.-El padre de Christine era un gran_____.

c.-El fantasma le dijo a Christine que tenía la voz de un_____-

3.-SELECCIÓN MÚLTIPLE:

Selecciona una única respuesta por cada pregunta

3.1.-¿Cuál era la profesión de Christine?

a.-Doctora.

b.-Cantante.

c.-Administradora.

d.-Policía.

3.2-¿Cómo era Christine?

a.-Fea y malvada.

b.-Gorda con ojos negros.

c.-Delgada con ojos color esmeralda.

d.-Tenía una máscara.

3.3-¿Cuál era la nueva producción del teatro?

a.-Fausto.

b.-Romeo y Julieta.

c.-Mamma mía.

d.-Ninguna de las anteriores.

3.4.-¡Cómo se llama El fantasma de la Ópera?

a.-Erik.

b.-José.

c.-Luis.

d.-No tenía nombre.

4.-TRADUCE AL ESPAÑOL:

4.1.-Soul:

a.-Sol.

b.-Alma.

c.-Fantasma.

4.2.-Very well:

a.-Muy bien.

b.-Muy mal.

c.-Muy alta.

4.3.-Night:

a.-Oscuro.

b.-Día.

c.-Noche.

5.-¿VERDADERO O FALSO?:

a.-La madre de Christine estaba muerta___

b.-Madame Carlota no le gustó la voz de Christine___

c.-El fantasma le ofreció a Christine ser su maestro ___

.

SOLUCIONES CAPÍTULO 2

1. RESPONDE SÍ O NO

a.-No.

b.-No.

c.-Sí.

2.-COMPLETA LA ORACIÓN:

a.-Bonita.

b.-Músico.

c.-Ángel.

3.-SELECCIÓN MÚLTIPLE:

3.1.-b.

3.2.-c.

3.3.-a.

3.4.-a.

4.-TRADUCE AL ESPAÑOL:

4.1.-b.

4.2.-a.

4.3.-c.

5.-¿VERDADERO O FALSO?:

a.-V.

b.-F.

c.-V.

3-EL ESTRENO DE FAUSTO

TRES SEMANAS DESPUÉS, la ópera *"Fausto"* fue **estrenada** en la famosa *Casa de la Ópera de París*.

Todos los días, Christine practicó con el resto del **elenco**. Madame Carlota era una mujer **muy estricta**. Ella **forzaba** a los actores y actrices del teatro a practicar **sin descanso** durante muchas horas.

Además, todas las noches, la joven corista practicaba con Erik, quien resultó ser un formidable maestro. **Con su ayuda**, ella aprendió nuevas técnicas y progresó rápidamente. Y así, se preparó **lo mejor que pudo** para hacer su debut en la ópera.

La célebre obra teatral **comenzaba** presentando al viejo Fausto, el protagonista, en **una biblioteca llena de libros**.

Era un hombre sabio y famoso, **aunque** muy feo, quien **soñaba con conquistar el amor** de la joven Margarita.

Un día, desesperado, Fausto decide usar la **magia negra** para invocar a Satanás, quien sorprendentemente **aparece ante él**.

-¿Qué deseas, viejo Fausto? –le pregunta Satanás-. **¿Por qué me llamas?**

-**Porque** quiero tu ayuda, Maestro…

-¿Mi ayuda?

-Sí, Maestro…

-¿Y por qué quieres mi ayuda?

-Porque **estoy enamorado**…

-¿Enamorado?

-Si…Pero **mi amada** es **muy joven** para mí. **¡Quiero ser joven** y que ella se enamore de mí!

-Está bien, Fausto…Yo te ayudaré…

-¡Gracias, Maestro!

-Pero quiero **algo a cambio**...

-No hay problema... Si me das lo que deseo, Maestro, con gusto te daré **todo lo que quieras**...

-**¡Quiero tu alma!**

-¿Mi alma?

-Sí, Fausto...Si me das tu alma te daré **todo lo que quieras**.

-¿Todo lo que yo quiera?

-Sí. Te daré **juventud** y el amor de esa mujer. Te prometo que **serás joven** una vez más. Y que ella se enamorará de ti. **Como dije**, te daré todo lo que quieras **en esta vida**. Pero a cambio tú serás **mi esclavo** en **la siguiente**.

Fausto **bajó la cabeza**.

-Está bien, Maestro. **Yo acepto**.

-Aceptar **no es suficiente**, Fausto. ¡Debes **firmar el pacto con tu sangre**!

Sin dudarlo, Fausto firmó el contrato con su sangre, **dando comienzo** a una de las más famosas tragedias **de todos los tiempos**.

* * *

La noche del **esperado estreno**, Christine **cantó mejor que nunca**.

La audiencia estaba **sorprendida** con su bella voz. Especialmente el **conde** Raoul de Chagny, quien al escucharla **se enamoró de ella a primera vista**.

Mientras que Christine cantaba, ella miró hacia el público y vio al conde Raoul **sentado** en **uno de los palcos**. Y a partir de aquel instante, **ella también se enamoró de él**.

El fantasma inmediatamente **notó** la atracción mutua entre los dos jóvenes y **se enfureció**.

¡Él quería a Christine **sólo para él**!

Lleno de celos, el fantasma juró que asesinaría al conde **si se interponía entre** él y su hermosa discípula.

ACTIVIDADES

VOCABULARIO

1.-Estrenada = premiered

2.-Elenco = cast

3.-Muy estricta = very strict

4.-Forzaba = forced (made)

5.-Sin Descanso = without rest

6.-Con su ayuda = with his help

7.-Lo mejor que pudo = as best as she could

8.-Comenzaba = started (commenced)

9.-Una biblioteca llena de libros = a library full of books

10.-Aunque = but (nevertheless)

11.-Soñaba con conquistar el amor = dreamed with conquering love

12.-Magia negra = black magic

13.-Aparece ante él = appears before him

14.-¿Por qué me llamas? = Why do you call me?

15.-Porque = Because

16.-Estoy enamorado = I am in love

17.-Mi amada es muy joven = My beloved is too young

18.-¡Quiero ser joven! = I want to be young!

19.-Algo a cambio = something in exchange

20.-Todo lo que quieras = whatever you wish

21.-¡Quiero tu alma! = I want your soul!

22.-Todo lo que quieras = All you want"

23.-Juventud = youth

24.-Serás joven = you'll be young

25.-Como dije = like I said

26.-En esta vida = In this life

27.-Mi esclavo = my slave

28.-En la siguiente = in the following

29.-Bajó la cabeza = lowered his head

30.-Yo acepto = I accept

31.-No es suficiente = is not enough

32.-Firmar el pacto con tu sangre = sign the pact with your blood

33.-Sin dudarlo = without hesitation

34.-Dando comienzo = giving start

35.-De todos los tiempos = of all times

36.-Esperado estreno =awaited premiere

37.-Cantó mejor que nunca = sang better than ever

38.-Sorprendida = surprised

39.-Conde = count

40.-Se enamoró de ella a primera vista = fell in love with her at first sight

41.-Sentado en uno de los palcos = sitting in one of the booths

42.-Ella también se enamoró de él = she also fell in love with him

43.-Notó = noticed

44.-Se enfureció = got angry (got mad)

45.-Sólo para él = just for him

46.-Lleno de celos = full of jealousy

47.-Si se interponía entre = if he stood between

EJERCICIOS

1.-RESPONDE SÍ O NO:

a.-¿Era Madame Carlota una mujer muy estricta? __

b.-¿Era Erik un pésimo maestro?__

c.-¿Estaba el Conde Raoul enamorado de Christine?__

2.-COMPLETA LA ORACIÓN:

a.-Todas las noches, la joven corista practicaba con el_____.

b.-La noche del estreno, Christine cantó mejor que _____.

c.-Está bien, Fausto yo te ayudaré- dijo _____.

3.-SELECCIÓN MÚLTIPLE:

Selecciona una única respuesta por cada pregunta

3.1.-¿Qué le enseñó Erik a Christine?

a.-Bailar.

b.-Técnicas de canto.

c.-Cocinar.

d.-Cortar flores.

3.2-¿Qué le pidió Fausto a Satanás?

a.-Ser joven.

b.-Ser rico.

c.-Un perro.

d.-Morir.

3.3-¿De quién estaba enamorada Christine?

a.-De Fausto.

b.-Del fantasma de la Ópera.

c.-Del Conde Raoul.

d.-De ninguno de los anteriores.

3.4.-¿Qué juró el fantasma?

a.-Entregarse a la policía.

b.-Cantar hasta morir.

c.-Casarse con Madame Carlota.

d.-Asesinar al conde.

4.-TRADUCE AL ESPAÑOL:

4.1.-Surprised:

a.-Sorprendida.

b.-Ofendida.

c.-Calmada.

4.2.-Love:

a.-Gato.

b.-Azul.

c.-Amor.

4.3.-Jealousy:

a.-Hielo.

b.-Celos.

c.-Amarillo.

5.-¿VERDADERO O FALSO?:

a.-Christine se preparó lo mejor que pudo para su debut___

b.-El protagonista de la obra se llamaba Fausto __

c.-El fantasma estaba celoso del Conde__

SOLUCIONES CAPÍTULO 3

1. RESPONDE SÍ O NO

a.-Si.

b.-No.

c.-Si.

2.-COMPLETA LA ORACIÓN:

a.-Fantasma.

b.-Nunca.

c.-Satanás.

3.-SELECCIÓN MÚLTIPLE:

3.1.-b.

3.2.-a.

3.3.-c.

3.4.-d.

4.-TRADUCE AL ESPAÑOL:

4.1.-a.

4.2.-c.

4.3.-b.

5.-¿VERDADERO O FALSO?:

a.-V.

b.-V.

c.-V.

4.- LA AMENAZA DEL FANTASMA

ESA NOCHE, DESPUÉS del estreno, el conde Raoul fue a ver a la bella corista y **tocó la puerta** de su **camerino**.

Al abrir la puerta, Christine se sorprendió al ver al elegante y **apuesto joven**.

-Buenas noches, **señorita** –dijo el conde inclinándose **con una sonrisa**.

-Buenas noche, **señor**.

-**Es un placer conocerte** –dijo **besando su mano**--. Yo soy el conde Raoul de Chagny.

-El placer es mío, Conde. Yo soy Christine Daaé…

-Sé quién eres. Eres la nueva corista, ¿no es verdad?

-Sí…

-¡Tu voz es fabulosa, Christine! ¡Cantas como un ángel!

-Gracias, conde…

-Puedes llamarme Raoul…

Y así, siguieron **conversando** un largo rato lleno de risas y **miradas encantadoras.**

Durante las **siguientes noches,** Raoul visitó a Christine en el teatro y **cada día se enamoraron más profundamente.**

Erik **lo ignoraba.**

Mientras tanto, él diseñaba nuevos planes para Christine. Él quería que ella interpretara al **papel principal** de la obra en vez de Madame Carlota.

Una mañana, **después de despertar,** Madame Carlota recibió una misteriosa **carta** con el siguiente mensaje **escrito en tinta roja:**

*«**Si cantas esta noche** sufrirás una terrible desgracia y **alguien morirá.**»*

La carta **estaba firmada** por el Fantasma de la Ópera.

Después de leerla, Madame Carlota **no quiso desayunar**.

Se sentó en su cama y se puso a pensar.

Madame Carlota **estaba muy asustada**. No quería ser víctima del fantasma. Sin embargo, su esposo le dijo que olvidara la carta y cantara. Ella aceptó.

ACTIVIDADES

VOCABULARIO

1.-Tocó la puerta = knocked on the door

2.-Camerino = dressing room.

3.-Apuesto joven = handsome young man

4.-Señorita = Miss

5.-Con una sonrisa = with a smile

6.-Señor = Mister

7.-Es un placer conocerte = It is a pleasure to meet you

8.-Besando su mano = kissing her hand

9.-El placer es mío = the pleasure is mine

10.-Conversando = chattering (talking)

11.-Miradas encantadoras = charming glances

12.-Siguientes noches = following nights

13.-Cada día se enamoraron más profundamente = each day they fell deeper in love.

14.-Lo ignoraba = ignored it

15.-Mientras tanto = in the meantime

16.-Papel principal = main part

17.-Después de despertar = after waking up

18.-Carta = letter (epistle)

19.-Escrito en tinta roja = written in red ink

20.-Si cantas esta noche = if you sing tonight

21.-Alguien morirá = someone will die

22.-Estaba firmada = was signed

23.-No quiso desayunar = didn't want to eat breakfast

24.-Se sentó en su cama = sat on her bed

25.-Estaba muy asustada = she was very scared

EJERCICIOS

1.-RESPONDE SÍ O NO:

a.-¿Era el conde Raoul un joven apuesto?__

b.-¿Madame Carlota recibió una invitación para cenar?__

c.-¿Estaba Madame Carlota contenta con la carta que recibió?__

2.-COMPLETA LA ORACIÓN:

a.-Es un placer conocerte –dijo el conde besando la mano de_____.

b.-Durante las siguientes noches, Raoul visitó a Christine en el_____.

c.-Madame Carlota recibió una misteriosa _____

3.-SELECCIÓN MÚLTIPLE:
Selecciona una única respuesta por cada pregunta

3.1.-¿Dónde habló el conde con Christine?

a.-En un restaurant.

b.-En la casa de Madame Carlota.

c.-En el camerino.

d.-En el sótano.

3.2-¿Qué le dijo el conde a Christine?

a.-Que era fea.

b.-Que cantaba horrible.

c.-Que su voz era fabulosa.

d.-Que iba a morir.

3.3-¿Cuál era el plan del fantasma?

a.-Pintar el teatro de rojo.

b.-Que Christine interpretara al papel principal de la obra

c.-Ir al cine con Christine.

d.-Ninguno de los anteriores.

3.4.-¿Cuál era el color de la tinta de la carta?

a.-Negra.

b.-Azul.

c.-Roja.

d.-Verde.

4.-TRADUCE AL ESPAÑOL:

4.1.-Letter:

a.-Libro.

b.-Carta.

c.-Lechuga.

4.2.-Breakfast:

a.-Desayuno.

b.-Almuerzo.

c.-Cena.

4.3.-However:

a.-Sin embargo.

b.-Además.

c.-Por otra parte.

5.-¿VERDADERO O FALSO?:

a.-El conde estaba enamorado de Christine ____

b.-El fantasma estaba haciendo nuevos planes__

c.-El fantasma amenazó a Fausto__

SOLUCIONES CAPÍTULO 4

1. RESPONDE SÍ O NO

a.-Si.

b.-No.

c.-No.

2.-COMPLETA LA ORACIÓN:

a.-Christine.

b.-Teatro.

c.-Carta.

3.-SELECCIÓN MÚLTIPLE:

3.1.-c.

3.2.-c.

3.3.-b.

3.4.-c.

4.-TRADUCE AL ESPAÑOL:

4.1.-b.

4.2.-a.

4.3.-a.

5.-¿VERDADERO O FALSO?:

a.-V.

b.-V.

c.-F.

5- MUERTE EN EL TEATRO

ESA NOCHE EL TEATRO estaba **completamente lleno.**

Madame Carlota estaba **muy nerviosa**. **No podía olvidar** aquellas palabras escritas en tinta roja:

«Si cantas esta noche sufrirás una terrible desgracia y alguien morirá.»

Mientras cantaba recorrió la sala con su mirada. **¡Tenía mucho miedo!**

De repente, ella vio al fantasma en uno de los **palcos del teatro** y **dejó de cantar.**

Toda la audiencia la miraron con asombro.

Entonces ella **gritó con horror** y **señaló** al palco con terror.

-¡El Fantasma! –gritó ella.

Todos **voltearon hacia** el palco. ¡Pero **estaba vacío**!

La pobre actriz no pudo continuar cantando.

Se oyó la voz de su esposo gritándole a Madame Carlota:

-¡Sigue! ¡Sigue!

En ese momento todos **escucharon** la **estruendosa risa** de un hombre. ¡Era el fantasma!

Todos **levantaron sus ojos** hacia el techo y lanzaron un grito terrible.

La **lámpara principal** del teatro se balanceaba hacia adelante y hacia atrás. ¡Y de repente cayó desde lo alto sobre los espectadores!

Aprovechando la confusión, en ese momento el fantasma corrió hacia Christine y, **tomándola entre sus brazos**, huyó con ella.

El día siguiente todos los **periódicos** de Francia hablaron de la tragedia.

La lámpara principal, al caer, había dejado un muerto y numerosos heridos. Madame Carlota había escapado **justo a**

tiempo. Y una de las coristas había sido raptada. ¡Era una terrible noticia!

¡Todos en París hablaban del terrible Fantasma de la Ópera!

ACTIVIDADES

VOCABULARIO

1.-Completamente lleno = completely full

2.-Muy nerviosa = very nervous

3.-No podía olvidar = she could not forget

4.-Mientras cantaba = as she sang (while she sang)

5.-¡Tenía mucho miedo! = she was very scared

6.-Palcos del teatro = theater booths

7.-Dejó de cantar = stopped singing.

8.-Gritó con horror = screamed with horror

9.-Señaló = pointed

10.-Voltearon hacia = turned to

11.-Estaba vacío = it was empty

12.-Escucharon = heard

13.-Estruendosa risa = thunderous laughter

14.-Levantaron sus ojos = raised their eyes

15.-Lámpara principal = main lamp

16.-Tomándola entre sus brazos= taking her in his arms

17.-Periódicos = newspapers

18.-Justo a tiempo= just in time

EJERCICIOS

1.-RESPONDE SÍ O NO:

a.-¿Estaba Madame Carlota tranquila después de recibir la carta?___

b.-¿Vio Madame Carlota al fantasma mientras cantaba?___

c.-¿Murió alguien al caer la lámpara del teatro?___

2.-COMPLETA LA ORACIÓN:

a.-Madame Carlota tenía mucho _____

b.-Todos escucharon la risa del fantasma de la_____.

c.-La lámpara principal del teatro se _____

3.-SELECCIÓN MÚLTIPLE:

Selecciona una única respuesta por cada pregunta

3.1.-¿Por qué Madame Carlota estaba nerviosa?

a.-Por la carta recibida

b.-Porque vio un ratón.

c.-Porque el teatro estaba lleno.

d.-No estaba nerviosa, estaba feliz.

3.2-¿Qué cayó del techo del teatro?

a.-Un pájaro.

b.-Una lámpara

c.-Un fantasma.

d.-Nada.

3.3-¿A quién raptó el fantasma?

a.-Al esposo de Madame Carlota.

b.-A Christine.

c.-Al conde.

d.-A Madame Carlota.

3.4.-¿Qué pasó al caer la lámpara?

a.-Hubo un muerto y varios heridos.

b.-Se incendió el teatro.

c.-Comenzó a llover.

d.-Hubo un terremoto.

4.-TRADUCE AL ESPAÑOL:

4.1.-Laugh:

a.-Risa.

b.-Lámpara.

c.-Ley.

4.2.-Ceiling:

a.-Cielo.

b.-Techo.

c.-Silencio.

4.3.-Continued:

a.-Continuó.

b.-Finalizó.

c.-Gritó.

5.-¿VERDADERO O FALSO?:

a.-La risa estruendosa era del conde ____

b.-Madame Carlota vio al fantasma en el palco __

c.-Nadie murió en el incidente de la lámpara __

SOLUCIONES CAPÍTULO 5

1. RESPONDE SÍ O NO

a.-No.

b.-Sí.

c.-Sí.

2.-COMPLETA LA ORACIÓN:

a.-Miedo.

b.-Opera.

c.-Cayó.

3.-SELECCIÓN MÚLTIPLE:

3.1.-a.

3.2.-b.

3.3.-b.

3.4.-a.

4.-TRADUCE AL ESPAÑOL:

4.1.-a.

4.2.-b.

4.3.-a.

5.-¿VERDADERO O FALSO?:

a.-F.

b.-V.

c.-F.

6- EL HOGAR DEL FANTASMA

EL FANTASMA DE LA ÓPERA huyó con Christine a los sótanos del teatro **después de raptarla**.

Juntos bajaron numerosas **escaleras** hasta llegar a **la parte más profunda**.

-¿**A dónde me llevas**, Maestro? –preguntó ella **nerviosamente**.

-**A mi hogar** –respondió Erik tomando su mano.

-¿Tú hogar, Maestro? ¿Tú vives aquí abajo?

-Sí, Christine. Vivo en las catacumbas del **último sótano**. Ahí construí mi hogar, donde **nadie** puede interrumpirme mientras trabajo.

-¿Pero por qué?

-Porque yo amo la soledad. Y porque yo necesito estar completamente solo para poder componer mis canciones. ¡Y ahora escribiré **mi obra maestra** para ti!

-¿Para mí?

-Sí, Christine, especialmente para ti. ¡Tú eres **mi musa**... eres **mi gran inspiración!**

-¿Y qué pasará con mi trabajo?

-No te preocupes... Volverás a trabajar en unos días... **Debo prepararte** para tu **gran regreso**...

-¿Mi gran regreso?

-Sí, Christine. Madame Carlota no volverá a cantar en el teatro. ¡Y tú ocuparás su lugar!

-¿Yo?

-Sí, ¡tú serás la gran estrella del Teatro de la Ópera! ¡La célebre Christine Daaé! ¡La cantante más famosa de París!

Pronto llegaron al tercer sótano. Las luces de muchas **antorchas** iluminaban el lugar.

Christine miró a su alrededor para ver dónde se encontraban. Estaban al borde de **un gran lago** cuyas aguas se perdían a lo lejos, en la oscuridad...

Cruzaron el lago a bordo de una **pequeña barca** que estaba en el **muelle**. Y cuando llegaron a la **otra orilla** llegaron a una enorme mansión **tallada en la roca**.

¡El hogar del Fantasma de la Ópera **era maravilloso**!

Entraron a un enorme y lujoso **salón adornado** con valiosas **obras de arte** y **flores preciosas**. Christine estaba muy nerviosa.

-No temas, Christine –dijo el Fantasma-. No corres peligro.

-¿Soy tu **prisionera**? –preguntó ella.

-No, Christine. Tú eres mi **honorable huésped**, mi más preciada invitada especial.

Entonces el Fantasma se sentó frente a un gran **órgano musical** y comenzó a **tocar y cantar** una hermosa canción con **la voz de un ángel**.

Ella escuchaba extasiada mientras él cantaba...

Era una música nueva que a ella le causó una **extraña impresión** de **dulzura** y **paz**...

Una música que **la tranquilizó** y pronto la dejó **dormida**.

ACTIVIDADES

VOCABULARIO

1.-Después de raptarla = after kidnapping her

2.-Escaleras = stairs (stairway)

3-la parte más profunda = the deepest part

4.-¿A dónde me llevas? = Where are you taking me?

5.-Nerviosamente = nervously

6.-A mi hogar = to my home

7.-Último sótano = last basement

8.-Nadie= no one

9.-Mi obra maestra= my masterpiece

10.-Mi musa = my muse

11.-Mi gran inspiración = my great inspiration

12.-Debo prepararte = must prepare you

13.-Gran regreso = great return (great comeback)…

14.-Pronto = soon

15.-Antorchas = torches

16.-Un gran lago = a great lake

17.-Pequeña barca = small vessel (small boat)

18.-Muelle = dock

19.-otra orilla = other shore

20.-Tallada en la roca = carved in rock

21.-Antorchas= torches

22.-Era maravilloso= it was wonderful

23.-Salón adornado = room adorned

24.-Obras de arte = works of art

25.-Flores preciosas = precious flowers

26.-Prisionera = prisoner

27.-Honorable huésped = honorable guest

28.-Órgano musical = musical organ

29.-Tocar y cantar = play and sing

30.-la voz de un ángel = the voice of an angel.

31.-Extraña impresión = strange impression

32.-Dulzura = sweetness

33.-Paz = peace

34.-La tranquilizó = calmed her down

35.-Dormida = asleep

EJERCICIOS

1.-RESPONDE SÍ O NO:

a.-¿A Erik le gustaba la soledad?___

b.-¿Estaba Christine tranquila?___

c.-¿Cantaba el fantasma horrible?___

2.-COMPLETA LA ORACIÓN:

a.-El Fantasma huyó con Christine a los sótanos del_____

b.-¿A dónde me llevas? –le preguntó Christine al

_____

c.-Tú serás la gran estrella del Teatro-dijo _____

3.-SELECCIÓN MÚLTIPLE:
Selecciona una única respuesta por cada pregunta

3.1.-¿A dónde llevó el fantasma a Christine?

a.-A Londres

b.-A su mansión.

c.-Al cine.

d.-A pasear en bicicleta.

3.2-¿Qué dijo el Fantasma sobre Madame Carlota?

a.-Que murió.

b.-Que no volvería a cantar en el teatro.

c.-Que se había ido a Hong Kong.

d.-No dijo nada.

3.3-¿Qué instrumento musical tocaba el fantasma?

a.-Flauta.

b.-Órgano.

c.-Guitarra.

d.-No tocaba ningún instrumento.

3.4.-¿Cómo era la voz del fantasma?

a.-Horrible.

b.-Era mudo.

c.-Tenia una voz de ángel

d.-Tenia voz de soprano.

4.-TRADUCE AL ESPAÑOL:

4.1.-Job:

a.-Dios.

b.-Trabajo.

c.-Amor.

4.2.-Wonderful:

a.-Maravilloso.

b.-Mujer.

c.-Lámpara.

4.3.-Prisioner:

a.-Prisionera.

b.-Peso.

c.-Jaula.

5.-¿VERDADERO O FALSO?:

a.-El fantasma odiaba a Christine ____

b.-El fantasma raptó a Christine __

c.- El fantasma mató a Christine __

SOLUCIONES CAPÍTULO 6

1. RESPONDE SÍ O NO

a.-Sí.

b.-No.

c.-No.

2.-COMPLETA LA ORACIÓN:

a.-Teatro.

b.-Fantasma.

c.-Erik.

3.-SELECCIÓN MÚLTIPLE:

3.1.-a.

3.2.-b.

3.3.-b.

3.4.-c.

4.-TRADUCE AL ESPAÑOL:

4.1.-b.

4.2.-a.

4.3.-a.

5.-¿VERDADERO O FALSO?:

a.-F.

b.-V.

c.-F.

7.- EL ROSTRO DETRÁS DE LA MÁSCARA

CHRISTINE DESPERTÓ sola en un sofá, en una **pequeña y sencilla habitación** iluminada por una **lámpara de aceite**. Se levantó y trató de abrir la puerta pero no pudo. ¡Estaba **encerrada** en aquel lugar!

Entonces vio una carta sobre una **mesa**. Estaba escrita en tinta roja. En silencio ella la leyó:

Mi querida Christine, no tengas miedo.
Soy tu amigo fiel y te respeto.

*Salí a buscar comida y un nuevo vestido
para ti.*

Te encerré por tu propia protección.

*No quiero que nada ni nadie te haga
daño.*

Regresaré pronto.

-¡Dios mío! –exclamó ella-. **¿Qué será de mí?** ¿Cuánto tiempo estaré encerrada en esta prisión?

Christine examinó el lugar y descubrió que la habitación tenía una hermosa **cama de bronce** y un **pequeño baño** decorado con muchas flores.

Después de **tomar un largo baño**, Erik regresó. Venía cargando varias **cajas** y **paquetes** que **colocó sobre** la mesa.

-Gracias por regresar –le dijo Christine.

-Yo jamás te abandonaré. Te dije que volvería. Y yo soy **un hombre honesto**.

-Si eres un hombre honesto, ¿entonces **por qué escondes** tu rostro? **¡Quítate tu máscara!**

-¡No! –exclamó él-. **Te daré todo lo que me pidas**. Pero no eso.

-¿Pero por qué? ¿Por qué no puedo verlo?

-Tú jamás lo entenderías…

-Por favor, Maestro, **confía en mí**…

-¡No! **Tuve** un terrible accidente **cuando era niño**. Mi rostro está completamente desfigurado. ¡Soy horrible! ¡No quiero asustarte!

-**Te prometo** que no me asustaré, Maestro… Eres una hermosa persona. Eso es lo importante. Eres el hombre más bello que he conocido. Por favor, no tengas miedo.

-¡No insistas! Ya te dije que no.

-¿Por qué no?

-Porque hace muchos años hice un **juramento**.

-¿Qué juraste?

-¡Juré que nunca nadie verá mi rostro y debo cumplirlo!

-¡Oh!

-Ahora ven, Christine. Quiero que escuches mi nueva canción. La compuse anoche, mientras dormías.

-Está bien, Maestro.

Fueron al salón principal y una vez más Erik se sentó frente al órgano y comenzó a tocar.

Christine **se paró a su lado** y escuchó con emoción. ¡Aquella era la canción más hermosa que había escuchado en toda su vida!

Mientras el Fantasma de la Ópera tocaba y cantaba Christine lo observó en silencio. En ese momento sintió una enorme curiosidad. **¡Necesitaba** ver el rostro de aquel hombre cuya música tanto **le cautivaba**!

Entonces la joven cantante extendió su mano hacia la máscara y **de un tirón** se la quitó.

-¡Noooooo! –gritó él, **saltando de** su asiento.

Al verlo, Christine se horrorizó. ¡Erik tenía el rostro de un monstruo!

Ella **no pudo soportarlo**. Gritó con terror y **se desmayó**.

ACTIVIDADES

VOCABULARIO

1.-Pequeña y sencilla habitación = small and simple room

2.-Lámpara de aceite = oil lamp

3.-Encerrada = locked

4.-Mesa = table

5.-¿Qué será de mí? = What will become of me?

6.-Cama de bronce = bronze bed

7.-Pequeño baño = small bathroom

8.-Tomar un largo baño = took a long bath

9.-Cajas = boxes

10.-Paquetes = packs

11.-colocó sobre = placed on

12.-Un hombre honesto = an honest man

13.-Por qué escondes = why do you hide

14.-¡Quítate tu máscara! = Take off your mask!

15.-Te daré todo lo que me pidas = I will give you everything you ask me

16.-Confía en mí = trust me

17.-Tuve = I had

18.-Cuando era niño = when I was a child

19.-Te prometo = I promise

20.-Juramento = oath.

21.-Se paró a su lado = stood by his side

22.-Necesitaba = needed

23.-Le cautivaba = captivated her

24.-De un tirón = with a pull

25.-Saltando de = jumping from

26.-No pudo soportarlo = couldn´t stand it

27.-Se desmayó = fainted.

EJERCICIOS

1.-RESPONDE SÍ O NO:

a.-¿Despertó Christine en un sofá?___

b.-¿Estaba Christine encerrada?___

c.-¿ El rostro del fantasma era hermoso?___

2.-COMPLETA LA ORACIÓN:

a.-Christine vio una nota sobre una _____

b.-En la habitación, había un baño decorado con muchas

_____

b.-Erik dijo que había tenido un terrible accidente cuando era

_____.

3.-SELECCIÓN MÚLTIPLE:
Selecciona una única respuesta por cada pregunta

3.1.-¿Dónde estaba encerrada Christine?

a.-En una cueva

b.-En una hermosa habitación.

c.-En una jaula.

d.-No estaba encerrada.

3.2-¿Quién escribió la nota?

a.-El Duque.

b.-El fantasma

c.-Madame Carlota.

d.-Christine.

3.3-¿Que opinión tenia Christine del fantasma?

a.-Que era egoísta.

b.- Que era el hombre más bello que había conocido.

c.-Que era un asesino.

d.-No tenía ninguna opinión.

3.4.-¿Qué pasó cuando Christine le quitó la máscara al fantasma?

a.-Gritó de horror y se desmayó.

b.-Se abrazaron.

c.-Se besaron.

d.-Se cayó una lámpara.

4.-TRADUCE AL ESPAÑOL:

4.1.-Mask:

a.-Mascar.

b.-Mascara.

c.-Malo.

4.2.-Monster:

a.-Malo.

b.-Monstruo.

c.-Madre.

4.3.-Song:

a.-Música.

b.-Casa.

c.-Canción.

5.-¿VERDADERO O FALSO?:

a.-La nota estaba escrita en tinta Verde____

b.-El fantasma juró que nadie vería su rostro ___

c.-Al ver el rostro de Erik, Christine se desmayó ___

SOLUCIONES CAPÍTULO 7

1. RESPONDE SÍ O NO

a.-Sí.

b.-Sí.

c.-No.

2.-COMPLETA LA ORACIÓN:

a.-Mesa.

b.-Flores.

c.-Niño.

3.-SELECCIÓN MÚLTIPLE:

3.1.-b.

3.2.-b.

3.3.-b.

3.4.-a.

4.-TRADUCE AL ESPAÑOL:

4.1.-b.

4.2.-b.

4.3.-c.

5.-¿VERDADERO O FALSO?:

a.-F.

b.-V.

c.-V.

8.- EL FANTASMA LIBERA A CHRISTINE

VARIAS HORAS DESPUÉS, Christine despertó en su camerino. **¡Para su sorpresa**, Erik **la había liberado**!

Todos se sorprendieron al ver que ella había regresado. Sobre todo el conde Raoul, quien la abrazó fuerte.

-Estaba muy **preocupado por ti** –le dijo **sin soltarla**-. Pensé que ese asesino **te iba a matar**.

-¿Asesino? –preguntó ella sorprendida-. ¿Cuál asesino?

-¡El Fantasma de la Ópera! Todos vimos cuando él te raptó.

-¿Te refieres a Erik? No, Erik no es un asesino. Es un buen hombre... ¡y además **él es mi amigo** y mi Maestro!

Pues, tu amigo y maestro es un asesino. **De acuerdo con** la policía ha matado a varias personas en el teatro, incluyendo la víctima de ayer.

-¿La víctima de ayer?

-Sí, ayer una persona murió **aplastada** por la lámpara que se cayó en el teatro. Imagino que no lo sabías...

-Vi que la lámpara **se cayó**. Pero Eric no fue el culpable. Él ya **estaba a mi lado** cuando **ocurrió**. Además, **como te dije**, él es una buena persona...

-Está bien, Christine, **luego lo hablamos**. Quiero que sepas que desde que desapareciste **no pude dejar de pensar en ti**.

-Yo también he pensado mucho en ti, Raoul –dijo ella dándole un **beso**.

-No te preocupes, **mi amor**, te prometo que pronto nos casaremos. El mes que viene mis padres regresarán de Londres y entonces **preparemos la boda**. Debemos ser **pacientes**. ¡No quiero que nunca nos volvamos a separar!

* * *

Esa tarde, el director del teatro fue a ver a Christine a su camerino y le informó que Madame Carlota **no volvería a cantar**.

-**Quiero que sepas que** he tomado una decisión muy importante, Christine –le dijo.

-¿Qué decisión, señor?

-Como sabes, esta semana el teatro estará **cerrado por reparaciones**. Mientras tanto **quiero que te prepares**.

-**¿Para qué?**

-Para algo muy importante. A partir de la semana que viene tú serás la **primera vocalista** del *Fausto*.

-¿Yo?

-Sí, como te dije, Madame Carlota no quiere volver a cantar.

-¿Por qué no?

-Porque tiene mucho miedo. Dice que el Fantasma **la matará** si lo hace.

-¿El Fantasma? No creo que el Fantasma sea capaz de hacerle daño a nadie… **A mí me trató bien**…

-**De cualquier manera**, yo no la puedo obligar. Si ella no quiere volver a cantar entonces **debo sustituirla**. Necesito colocar otra persona **en su lugar**. Y tú eres nuestra **mejor candidata**.

-**¿Por qué yo?**

-¡Porque **tú cantas como un ángel**, Christine! Por eso pensé en ti.

-Gracias, señor. **No sé qué decir**…

-Solo di que sí. **Te triplicaré el salario** y te daré el mejor camerino del teatro. **¿Qué dices**, Christine? **¿Aceptas?**

Por supuesto, Christine aceptó con una sonrisa y el siguiente fin de semana hizo su gran debut sobre el escenario de la célebre *Casa de la Ópera de París*.

Gracias a las lecciones de canto que había recibido de Erik, Christine **cantó mejor que nunca**. ¡Todos la aplaudieron! ¡Fue un éxito total!

Los periódicos más importantes de París alabaron a la nueva estrella de *Fausto*, destacando su extraordinaria belleza y talento. Y el conde Raoul quedó tan encantado que **fue a verla todas las noches**.

ACTIVIDADES

VOCABULARIO

1.-Para su sorpresa = to her surprise

2.-La había liberado = had freed her

3.-Preocupado por ti = worried about you

4.-Sin soltarla = without releasing her

5.-Te iba a matar = he was going to kill you

6.-Él es mi amigo = he's my friend

7.-De acuerdo con = according to

8.-Aplastada = crushed

9.-Se cayó = fell

10.-Estaba a mi lado = he was by my side

11.-Ocurrió = happened

12.-Como te dije = like I said

13.-Luego lo hablamos = we'll talk abouit it later

14.-No pude dejar de pensar en ti = I could not stop thinking about you

15.-Beso = kiss

16.-Mi amor = my love

17.-Preparemos la boda = prepare the wedding

18.-Pacientes = patient

19.-No volvería a cantar = she would not sing again

20.-Quiero que sepas que = I want you to know that

21.-Cerrado por reparaciones = closed for repairs

22.-Quiero que te prepares = I want you to get ready

23.-¿Para qué? = What for?

24.-Primera vocalista = lead singer

25.-La matará = He'll kill her

26.-A mí me trató bien = He treated me well

27.-De cualquier manera = Anyhow

28.-Debo sustituirla = I must replace her

29.-En su lugar =in her place

30.-Mejor candidata = best candidate

31.-¿Por qué yo? = Why me?

32.-Tú cantas como un ángel = you sing like an angel

33.-No sé qué decir = I don't know what to say

34.-Te triplicaré el salario = I'll triple your salary

35.-¿Qué dices? = ¿What do you say?

36.-¿Aceptas? = Do you accept?

37.-Por supuesto = of course

38.-Cantó mejor que nunca = sang better tan ever

39.-Fue a verla todas las noches = went to see her every night

EJERCICIOS

1.-RESPONDE SÍ O NO:

a.-¿Liberó Erik a Christine?___

b.-¿Cantaba Christine como un ángel?___

c.-¿Ofreció el director triplicar el salario de Christine?___

2.-COMPLETA LA ORACIÓN:

a.-Según Christine Erik era un buen _____

b.-Madame Carlota no volvería a _____

c.-Christine era la nueva estrella de _____

3.-SELECCIÓN MÚLTIPLE:

Selecciona una única respuesta por cada pregunta

3.1.-¿Dónde despertó Christine?

a.-En el camerino.

b.-En un lago.

c.-En una cueva.

d.-En la playa.

3.2-¿Qué le dijo el director del teatro a Christine?

a.-Que si quería un café.

b.-Que si quería bailar.

c.-Que si quería ser la primera vocalista.

d.-No le dijo nada.

3.3-¿Cómo recibió el conde a Christine?

a.-Con un fuerte abrazo.

b.-Molesto.

c.-Con indiferencia.

d.-No fue a recibirla.

3.4.-¿Cómo cantó Christine?

a.-Mejor que nunca.

b.-Muy mal.

c.-Se le oía poco.

d.-No cantó.

4.-TRADUCE AL ESPAÑOL:

4.1.-Salary:

a.-Sal.

b.-Salario.

c.-Agua.

4.2.- What do you say?:

a.-¿Qué dices?

b.-¿Qué haces?

c.-¿Qué pasa?

4.3.-Newspapers:

a.-Música.

b.-Libro.

c.-Periódicos.

5.-¿VERDADERO O FALSO?:

a.-Christine dijo que Erik era su enemigo____

b.- Madame Carlota creía que el Fantasma la mataría si cantaba

____

c.-Raoul le prometió a Christine que pronto se casarían____

SOLUCIONES CAPÍTULO 8

1. RESPONDE SÍ O NO

a.-Sí.

b.-Sí.

c.-Sí.

2.-COMPLETA LA ORACIÓN:

a.-Hombre.

b.-Cantar.

c.-Fausto.

3.-SELECCIÓN MÚLTIPLE:

3.1.-a.

3.2.-c.

3.3.-a.

3.4.-a.

4.-TRADUCE AL ESPAÑOL:

4.1.-b.

4.2.-a.

4.3.-c.

5.-¿VERDADERO O FALSO?:

a.-F.

b.-V.

c.-V.

9.-SEGUNDO RAPTO DE CHRISTINE

CUANDO EL FANTASMA DE LA ÓPERA se enteró que Christine y el conde Raoul **pensaban casarse** se puso furioso. ¡Juró que jamás lo permitiría!

Entonces ideó su **más terrible** plan.

¡Nada ni nadie lo separaría de su amada!

Él sabía que el siguiente sábado **los reyes** de **Gran Bretaña** visitarían la ciudad y que esa noche irían a la presentación de Fausto.

Durante los siguientes días, Erik se dedicó a **preparar secretamente** todos los **detalles** de su plan. **Finalmente**, el sábado por la noche, una hora antes de comenzar **la esperada presentación**, apareció **inesperadamente** en el camerino de Christine mientras que ella se preparaba.

-¡Maestro! –exclamó sorprendida **cuando lo vio.**

-¡Christine! ¡Oh, Christine! –dijo él abrazándola-. **¡Te extrañé tanto!**

-Yo también, Maestro. **¿Cómo estás?** ¿Está todo bien?

-Sí, Christine. Todo está bien. Leí sobre tu éxito como cantante. ¡Congratulaciones! **¡Tú naciste para triunfar!**

-Gracias, Maestro, pero nunca lo hubiera logrado sin tu ayuda.

El Fantasma sacó una botella de vino y dos copas.

-Quiero brindar por tu éxito, Christine –dijo llenando las copas-. Sé que estás ocupada así que seré breve.

-**Claro,** Maestro. ¡Brindemos! –dijo tomando una de las copas.

-¡Salud! –dijo chocando su copa contra la de ella-. ¡Brindo por el éxito por la más bella y mejor cantante de París!

-¡Y yo por mi bondadoso Maestro! –agregó ella antes de beber de su copa.

Pero apenas lo hizo se desmayó.

* * *

Christine despertó, en el sofá del salón principal de la casa del Fantasma, quien estaba sentado junto a ella.

-¡Dios mío! ¿Qué hora es, Maestro? ¿Y qué estoy haciendo aquí?

-No te preocupes. Todavía es temprano. Falta media hora para que comience la obra. Mientras tanto, necesito hablar contigo. Y este es el mejor lugar para hacerlo. Es muy importante.

-¡Pero no quiero llegar tarde! ¡Todos me esperan para la presentación!

-Lo sé, Christine. No llegarás tarde. Sé que el teatro está lleno. Todos te esperan, como dices, todos incluyendo los reyes de Gran Bretaña… y por supuesto tu novio, el conde Raoul.

-¡Por favor, **vamos**! ¡Necesito regresar! –dijo ella levantándose del sofá **evidentemente alarmada**-. ¡Debo regresar a mi camerino inmediatamente!

-**Espera**, Christine –dijo él tomándola por un brazo-. Yo subiré contigo. Pero primero debes prometerme algo. Es la **única condición.**

-Claro, Maestro. **Te prometeré lo que tú quieras** ¡pero por favor subamos ya!

-Muy bien, Christine. Subiremos inmediatamente. Pero primero prométeme que te casarás conmigo…

-¿Yo? –preguntó confundida-. ¿Casarme contigo?

El Fantasma de la Opera se arrodilló frente a Christine y sacando un reluciente anillo de oro con un enorme diamante le dijo solemnemente:

-¿Quieres casarte conmigo, mi amor? **¡Yo te amo!** ¡Y quiero que **pasemos juntos** el resto de nuestras vidas! **¡No puedo vivir sin ti!**

ACTIVIDADES

VOCABULARIO

1.-Pensaban casarse = thought about getting married

2.-Más terrible = most terrible

3.-Los reyes = the kings

4.-Gran Bretaña = Great Britain

5.-Preparar secretamente = secretly prepare

6.-Detalles = details

7.-Finalmente = finally

8.-La esperada presentación = the awaited performance

9.-Inesperadamente = unexpectedly

10.-Cuando lo vio = when she saw him

11.-¡Te extrañé tanto! = I missed you so!

12.-¿Cómo estás? = How are you?

13.-¡Tú naciste para triunfar! = You were born to succeed!

14.-Claro = of course

15.-Vamos = let's go

16.-Evidentemente alarmada = evidently alarmed

17.-Espera = wait

18.-Única condición = only condition

19.-Te prometeré lo que tú quieras = I'll promise you anything you want

20.-¡Yo te amo! = I love you!

21.-Pasemos juntos = spend together

22.-¡No puedo vivir sin ti! = I cannot live without you

EJERCICIOS

1.-RESPONDE SÍ O NO:

a.-¿Vendrían a Paris los Reyes Magos?___

b.-¿Agradeció Christine al maestro por su ayuda ?___

c.-¿Quería el fantasma casarse con Madame Carlota?___

2.-COMPLETA LA ORACIÓN:

a.-Erik se dedicó a preparar secretamente su_____

b.-El Fantasma sacó una botella de vino y dos_____

c.-Erik le dijo a Christine que había nacido para_____

3.-SELECCIÓN MÚLTIPLE:

Selecciona una única respuesta por cada pregunta

3.1.-¿Cómo se sintió el Fantasma sobre el matrimonio de Christine y Raoul?

a.-Feliz.

b.-Furioso.

c.-Triste.

d.-Indiferente.

3.2-¿Dónde llevó el Fantasma a Christine?

a.-Al lago.

b.-A su Mansión.

c.-Al cine.

d.-A un restaurant.

3.3-¿Qué le pidió Erik a Christine?

a.-Que se cortara el cabello.

b.-Que se casara con él.

c.-Que fueran al cine.

d.-No le pidió nada.

3.4.-¿Qué sentía el Fantasma por Christine?

a.-Amor.

b.-Odio.

c.-Rabia.

d.-Lástima.

4.-TRADUCE AL ESPAÑOL:

4.1.-Bottle:

a.-Bolsa.

b.-Caja.

c.-Botella.

4.2.-Wait:

a.-Corre.

b.-Espera.

c.-Grita.

4.3.-Come on:

a.-Come.

b.-Vamos.

c.-Camión.

5.-¿VERDADERO O FALSO?:

a.-Erik y Christine brindaron por la boda de ella____

b.-Christine despertó en un parque __

c.-El Fantasma se arrodilló frente a Christine __

SOLUCIONES CAPÍTULO 9

1. RESPONDE SÍ O NO

a.-No.

b.-Sí.

c.-No.

2.-COMPLETA LA ORACIÓN:

a.-Plan.

b.-Copas.

c.-Triunfar.

3.-SELECCIÓN MÚLTIPLE:

3.1.-b.

3.2.-b.

3.3.-b.

3.4.-a.

4.-TRADUCE AL ESPAÑOL:

4.1.-c.

4.2.-b.

4.3.-b.

5.-¿VERDADERO O FALSO?:

a.-F.

b.-F.

c.-V.

10.- LA DECISIÓN FINAL

CHRISTINE ESTABA CONFUNDIDA. Aquello parecía un sueño. ¡No podía estar sucediendo!

Ella quería mucho a Erik, era evidente, **después de todo**, era su buen amigo y su honorable mentor. Pero ella no estaba enamorada de él. ¡Ella amaba al conde Raoul!

-Lo siento, Maestro –admitió **suavemente**-. Yo no puedo casarme contigo. Por favor, entiéndelo…

-¡Te lo ruego por favor! –dijo el Fantasma implorando con desesperación.

-Lo siento…

-Lo dices por mi rostro, porque te **parezco** un monstruo, ¿no es verdad?

-No, Maestro. Tú eres una de las más bellas personas que he conocido en toda mi vida. ¡Te lo juro!

-Entonces es por el conde Raoul… Lo sé, Christine… Sé que él es tu novio y que piensas casarte con él…

Christine no respondió.

-Pues, ¡yo no lo permitiré! No permitiré que ustedes dos se casen. ¡Prefiero verte muerta antes de verte casada con él!

-¿Prefieres verme muerta? –preguntó **muy asustada**.

-¡Eso prefiero, Christine! –exclamó el Fantasma **lanzando** el anillo a un lado **con creciente ira** antes de ponerse de pié-. ¡Si tú no aceptas casarte conmigo **ahora mismo**, entonces moriremos los dos!

-¿Qué dices, Maestro? ¿Serías capaz de matarnos?

-**¡Lo haré!** Y también a los reyes de Gran Bretaña y a todas las personas que están en el teatro, incluyendo tu novio, el conde Raoul … ¡Si tú no eres mía entonces todos morirán!

-¿Pero, cómo es posible? ¿Cómo pretendes matarlos a todos?

-Ven y verás –dijo tomándola por el brazo para que ella no escapara.

Sin decir una palabra, el Fantasma tomó una antorcha y juntos subieron unas largas escaleras hasta llegar al primer sótano.

Después cruzaron un largo túnel **que los llevó** a una vasta **cámara rectangular**. En su interior había grandes **cilindros o tanques metálicos** de los que salían **gruesos tubos** que **atravesaban** el techo. **Además había** docenas de barriles de madera, colocados unos encimas de otros, prácticamente cubriendo del piso al techo.

-¿Dónde estamos? –preguntó Christine **cuando llegaron**.

-Estamos justo debajo del escenario y de la audiencia **que espera por ti**.

-¿Qué hacemos aquí?

-Como sabes, mi amor, nuestro teatro **se ilumina con gas**, incluyendo el escenario. Y estos tanques contienen todas nuestras reservas de gas.

-¿Y esos barriles?

-Son cincuenta barriles de pólvora. Suficientes para **borrar del mapa este lugar**. Si no te casas conmigo **los haré estallar** ahora mismo. ¡Lo juro!

-¡Pero **tú y yo moriremos**!

-Lo sé, mi amor. El teatro entero estallará. Y, por supuesto, tú y yo moriremos **instantáneamente**. Pero también morirá tu novio Raoul, junto con los reyes de Gran Bretaña y todas las personas que vinieron a verte... Como te dije, el teatro está lleno. Todos esperan un **espectáculo** inolvidable. Y **juro que lo tendrán**.

-¿Estás loco, Maestro?

-Sí, Christine, **estoy loco por ti**. Si no te casas conmigo todos morirán... ¡Y **será tu culpa**!

-**¡Por favor no lo hagas!**

-**Tú sabes qué hacer**. Si te casas conmigo no lo haré... **Tú decides**...

-Está bien, Maestro –dijo ella **con lágrimas en los ojos**-. Me casaré contigo...

-**¿Lo juras?**

-Lo juro, Maestro. Nos casaremos mañana mismo si quieres. Ahora llévame a mi camerino, por favor.

-**Muy bien**, Christine...

El Fantasma tomó la mano de Christine y salieron juntos de la cámara en silencio.

Después de regresar por el largo túnel, subieron otras escaleras y finalmente llegaron al camerino de Christine.

-Gracias, Maestro –dijo ella al despedirse-. Gracias por confiar en mí. **No romperé mi palabra.** Me casaré contigo cuando tú lo decidas.

-Gracias a ti, mi amor –dijo él besando su mano-. Quiero que sepas que te amo mucho. Tú no me odias, ¿verdad?

-No, Maestro. No te odio. Sé que has **sufrido** mucho. **No es tu culpa.** Además, tú siempre has sido bueno conmigo… Sé que **me tratarás bien** cuando sea tu esposa…

El Fantasma se levantó la máscara para darle un beso en la frente. Y esta vez Christine observó su rostro sin horrorizarse.

Él quería besarla. Pero en lugar de eso, ella le dio un **cálido beso** en la mejilla.

-¡Dios mío! –exclamó sorprendido. ¡Nunca antes me habían dado un beso! ¡Nadie! ¡Ni siquiera mi madre!

Y entonces el hombre comenzó a llorar.

Sin decir una palabra, Christine lo abrazó **dulcemente.**

-¡Dios mío! –exclamó el Fantasma sin dejar de llorar-. **¡Perdóname**, Christine! Ahora lo comprendo… **El amor verdadero no puede ser egoísta**… ¡Perdóname, mi amor!

-Claro que te perdono, Maestro…

-Entonces serás libre, Christine… Si realmente te amo, entonces debo regresarte tu libertad…

-¿Yo? ¿Libre?

-Sí, mi amor... Quiero que seas feliz… Si tú eres feliz entonces yo también seré feliz… Ve y cásate con el conde Raoul. ¡Sé que lo amas! ¡Serás muy feliz!

* * *

Pocos días después, Christine y el conde Raoul **se casaron**. Y **desde entonces**, nadie volvió a ver al misterioso Fantasma. Sin embargo, muchas personas **aseguran** que de noche su canto se sigue escuchando en la célebre Casa de la Ópera de París… ¡y que **finalmente conoció la felicidad**!

ACTIVIDADES

VOCABULARIO

1.-Después de todo = After all

2.-Suavemente = Softly

3.-Parezco = seem like

4.-Muy asustada = very scared

5.-Lanzando = throwing (hurling)

6.-Con creciente ira = with growing rage

7.-Ahora mismo = right now

8.-¡Lo haré! = I'll do it!

9.-Sin decir una palabra = without saying a word

10.-Que los llevó = that took them

11.-Cámara rectangular = rectangular chamber

12.-Cilindros o tanques metálicos = metal cylinders or tanks

13-Gruesos tubos = thick tubes

14.Atravesaban = crossed

15.-Además había = there were also

16.-Cuando llegaron = when they arrived

17.-Que espera por ti = that awaits you

18.- Se ilumina con gas = is illuminated with gas

19.-Borrar del mapa este lugar = delete this place from the map

20.-Los haré estallar = I will blast them

21.-¡Tú y yo moriremos! = You and I will die!

22.-Instantáneamente = Instantly

23.-Espectáculo = show (performance)

24.-Juro que lo tendrán = I swear they'll have it

25.-Estoy loco por ti = I´m mad about you

26.-¡Será tu culpa! = It's your fault!

27.-¡Por favor no lo hagas! = Please don't do it!

28.-Tú sabes qué hacer = You know what to do

29.-Tú decides = You decide

30.-Con lágrimas en los ojos = With tears in her eyes

31.-¿Lo juras? = Do you swear?

32.-Muy bien = Very good

33.-No romperé mi palabra = I will not break my word

34.-Sufrido = suffered

35.-No es tu culpa = It is not your fault

36.-Me tratarás bien = you will treat me well

37.-Cálido beso = warm kiss

38.-Dulcemente = sweetly

39.-¡Perdóname! = Forgive me!

40.-El amor verdadero no puede ser egoísta = True love can't be selfish

41.-Pocos días después = A few days later

42.-Se casaron = they got married

43.-Desde entonces = since then (ever since)

44.-Aseguran = assure

45.-Finalmente conoció la felicidad = finally met happiness

EJERCICIOS

1.-RESPONDE SÍ O NO:

a.-¿Estaba Christine confundida?___

b.-¿Estaba Christine enamorada de Erik?___

c.-¿Es el amor verdadero egoísta?___

2.-COMPLETA LA ORACIÓN:

a.-Gracias a ti, mi amor –dijo el fantasma besando la mano de

_____

b.-Lo siento, Maestro –dijo Christine-. Yo no puedo casarme

_____

c.-El fantasma dijo: Si tú eres feliz entonces yo también seré

_____

3.-SELECCIÓN MÚLTIPLE:

Selecciona una única respuesta por cada pregunta

3.1.-¿Por qué Christine quería a Erik?

a.-Porque era su hermano.

b-Era un gran amigo y excelente mentor.

c.-Por lastima.

d.-No lo quería.

3.2-¿Cuántos barriles de pólvora tenia Erik?

a.-Diez.

b.-Treinta.

c.-Cincuenta.

d.-Ninguno.

3.3-¿Qué hizo Erik cuando Christine le dio un beso?

a.-Comenzó a llorar.

b.-Comenzó a reír.

c.-La empujó.

d.-No hizo nada.

3.4.-¿Qué pasó con Christine y el Conde Raoul?

a.-Se enfermaron.

b.-No se volvieron a ver.

c.-Se casaron.

d.-Nada, ella se casó con Erik.

4.-TRADUCE AL ESPAÑOL:

4.1.-Crazy:

a.-Loco.

b.-Flojo.

c.-Cansado.

4.2.-Kiss:

a.-Queso

b.-Beso.

c.-Abrazo.

c.-Risa.

4.3.-Mysterious:

a.-Miedo.

b.-Bosque.

c.-Misterioso.

5.-¿VERDADERO O FALSO?:

a.-Christine no quería casarse con Erik porque le parecía un monstruo ____

b.-El Fantasma se levantó la máscara para darle un beso a Christine__

c.-El fantasma le dijo a Christine que se casara con el conde__

SOLUCIONES CAPÍTULO 10

1. RESPONDE SÍ O NO

a.-Sí.

b.-No.

c.-No.

2.-COMPLETA LA ORACIÓN:

a.- Christine.

b.-Contigo.

c.-Feliz.

3.-SELECCIÓN MÚLTIPLE:

3.1.-b.

3.2.-c.

3.3.-a.

3.4.-c.

4.-TRADUCE AL ESPAÑOL:

4.1.-a.

4.2.-b.

4.3.-c.

5.-¿VERDADERO O FALSO?:

a.-F.

b.-V.

c.-V.

ESLC READING WORKBOOKS SERIES

VOLUME 1: *THE LIGHT AT THE EDGE OF THE WORLD*
by Jules Verne

VOLUME 2: *THE LITTLE PRINCE*
by Antoine de Saint-Exupery

VOLUME 3: *DON QUIXOTE*
by Miguel de Cervantes

VOLUME 4: *GULLIVER*
by Jonathan Swift

VOLUME 5: *THE ADVENTURES OF SHERLOCK HOLMES*
by Sir Arthur Conan Doyle

VOLUME 6: *20,000 LEAGUES UNDER THE SEA*
by Jules Verne

VOLUME 7: *THE PICTURE OF DORIAN GRAY*
by Oscar Wilde

VOLUME 8: *SHERLOCK HOLMES 2*
by Sir Arthur Conan Doyle

VOLUME 9: *JOURNEY TO THE CENTER OF THE EARTH*
by Jules Verne

VOLUME 10: *THE CANTERVILLE GHOST*
by Oscar Wilde

FUNNY TALES IN EASY SPANISH SERIES

VOL. 1: JAIMITO VA A LA ESCUELA

VOL. 2: EL HOSPITAL LOCO

VOL. 3: VACACIONES CON JAIMITO

VOL. 4: EL HOSPITAL LOCO 2

VOL. 5: RIENDO CON JAIMITO

VOL. 6: NUEVAS AVENTURAS DE JAIMITO

VOL. 7: JAIMITO REGRESA A CLASES

VOL. 8: JAIMITO Y EL TÍO RICO

VOL. 9: JAIMITO Y DRÁCULA

VOL. 10: JAIMITO Y MR. HYDE

CHILDREN´S BOOKS
IN EASY SPANISH SERIES

VOL. 1: PINOCHO

VOL. 2: JUANITO Y LAS HABICHUELAS MÁGICAS

VOL. 3: ALICIA EN EL PAÍS DE LAS MARAVILLAS

VOL. 4: PETER PAN

VOL 5: LA SIRENITA

VOL. 6: LA BELLA DURMIENTE

VOL. 7: BLANCANIEVES Y LOS SIETE ENANOS

VOL. 8: LA CENICIENTA

VOL. 9: EL LIBRO DE LA SELVA

VOL 10: EL JOROBADO DE NOTRE DAME

VOL 11: HANSEL Y GRETEL ¡y más!

VOL 12 GULLIVER

VOL 13: RAPUNZEL

VOL 14: LA REINA DE LAS NIEVES

VOL 15: BAMBI

VOL 16: LA BELLA Y LA BESTIA

VOL 17: HÉRCULES

BEDTIME STORIES IN EASY SPANISH

VOL 1: RICITOS DE ORO Y OTROS CUENTOS

VOL 2: PULGARCITO Y OTROS CUENTOS

VOL 3: LOS TRES CERDITOS Y OTROS CUENTOS

VOL 4: LOS ZAPATOS MÁGICOS Y OTROS CUENTOS

VOL 5: EL GATO CON BOTAS Y OTROS CUENTOS

VOL 6: CAPERUCITA ROJA Y OTROS CUENTOS

VOL 7: RUMPELSTILTSKIN Y OTROS CUENTOS

VOL 8: LOS DUENDES Y EL ZAPATERO Y OTROS CUENTOS

VOL 9: EL SASTRECITO VALIENTE Y OTROS CUENTOS

VOL 10: EL PATITO FEO Y OTROS CUENTOS.

SELECTED READINGS IN EASY SPANISH SERIES

VOL 1: TARZÁN DE LOS MONOS y...

VOL 2: LOS VIAJES DE GULLIVER y...

VOL 3: DE LA TIERRA A LA LUNA y...

VOL 4: ROBINSON CRUSOE y...

VOL 5: VIAJE AL CENTRO DE LA TIERRA y...

VOL 6: CONAN EL BARBARO y...

VOL 7: EL RETRATO DE DORIAN GRAY y...

VOL 8: DR. JEKYLL AND MR. HYDE y...

VOL 9: LA ISLA MISTERIOSA y...

VOL 10: DRÁCULA y...

VOL 11: ROBIN HOOD

VOL 12: LA VUELTA AL MUNDO EN 80 DÍAS

ALL RIGHTS RESERVED

TRANSLATED, CONDENSED AND PRODUCED BY:
Álvaro Parra Pinto

PROOFREADING AND EDITING:
Magaly Reyes Hill

PUBLISHED BY:
Easy Spanish Language Center

Copyright © 2017 Álvaro Parra Pinto
easyspanishlanguagecenter.com